shkolla - school	2
udhëtim - reis	5
transport - transport	8
qytet - stad	10
peisazh - landschap	14
restorant - restaurant	17
supermarket - supermarkt	20
pije - drankjes	22
ushqim - eten	23
fermë - boerderij	27
shtëpi - huis	31
dhomë ndenjeje - woonkamer	33
kuzhinë - keuken	35
tualet - badkamer	38
dhomë fëmijësh - kinderkamer	42
veshje - kleding	44
zyrë - kantoor	49
ekonomi - economie	51
profesionet - beroepen	53
mjete - werktuigen	56
instrumenta muzikorë - muziekinstrumenten	57
kopsht zoologjik - zoo	59
sportet - sporten	62
aktivitet - activiteiten	63
familje - familie	67
trupi - lichaam	68
spital - ziekenhuis	72
emergjencë - noodgeval	76
toka - aarde	77
orë - klok	79
javë - week	80
vit - jaar	81
forma - vormen	83
ngjyra - kleuren	84
të kundërta - tegengestelden	85
numra - cijfers	88
gjuhët - Talen	90
kush / çfarë / si - wie / wat / hoe	91
ku - waar	92

Impressum
Verlag: BABADADA GmbH, Nedderfeld 112 , 22529 Hamburg
Geschäftsführer / Verlagsleitung: Harald Hof
Druck: Books on Demand GmbH, In de Tarpen 42, 22848 Norderstedt

Imprint
Publisher: BABADADA GmbH, Nedderfeld 112 , 22529 Hamburg, Germany
Managing Director / Publishing direction: Harald Hof
Print: Books on Demand GmbH, In de Tarpen 42, 22848 Norderstedt

shkolla
school

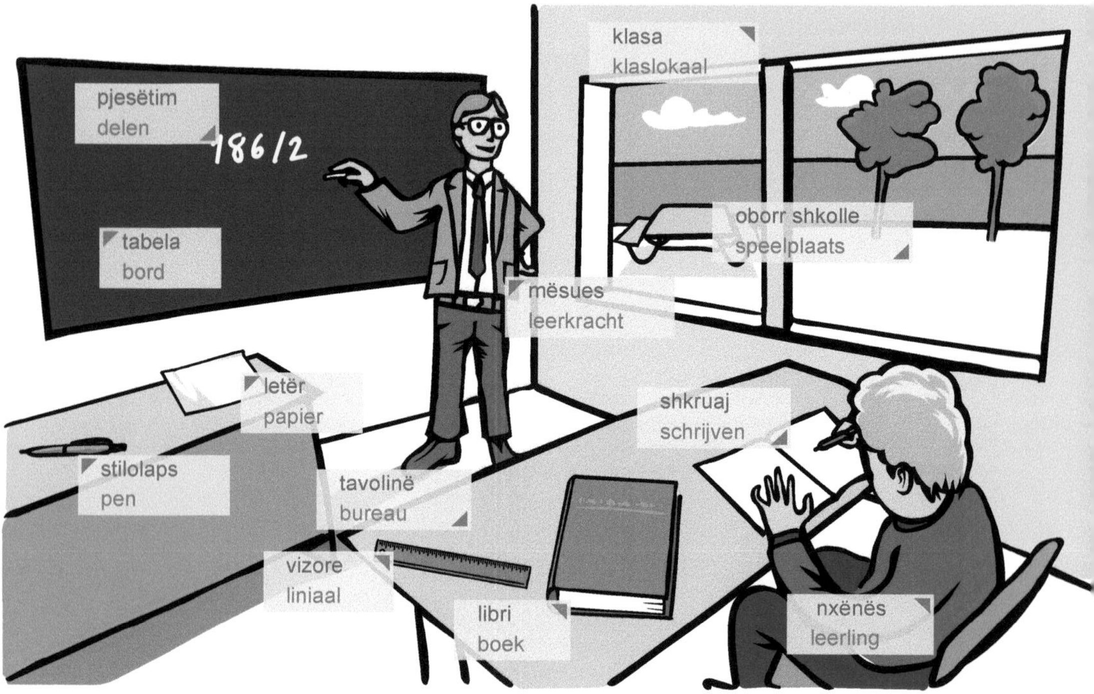

klasa
klaslokaal
pjesëtim
delen
186/2
tabela
bord
oborr shkolle
speelplaats
mësues
leerkracht
letër
papier
shkruaj
schrijven
stilolaps
pen
tavolinë
bureau
vizore
liniaal
libri
boek
nxënës
leerling

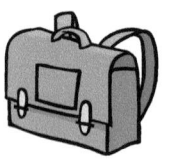

çantë

schooltas

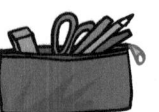

mbajtëse lapsash

pennenzak

laps

potlood

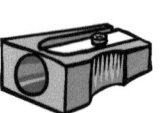

mprehës lapsash

puntenslijper

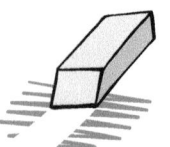

gomë

gom

fletore vizatimi

tekenblok

vizatim

tekening

penel

verfborstel

kuti bojërash

verfdoos

gërshërë

schaar

ngjitës

lijm

fletore detyrash

werkboek

detyrë shtëpie

huiswerk

numër

nummer

2+2

mbledh

optellen

5-2

zbres

aftrekken

shumëzoj

vermenigvuldigen

llogaris

rekenen

A

gërmë

letter

ABCDEFG
HIJKLMN
OPQRSTU
VWXYZ

alfabeti

alfabet

fjalë

woord

tekst

tekst

lexoj

Lezen

shkumës

krijt

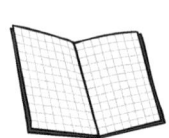

mësim

les

regjistër

klassenboek

provim

examen

çertifikatë

certificaat

uniformë shkolle

schooluniform

arsimim

onderwijs

enciklopedia

encyclopedie

universitet

universiteit

mikroskop

microscoop

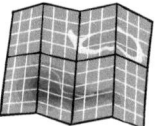

hartë

kaart

kosh letrash

papiermand

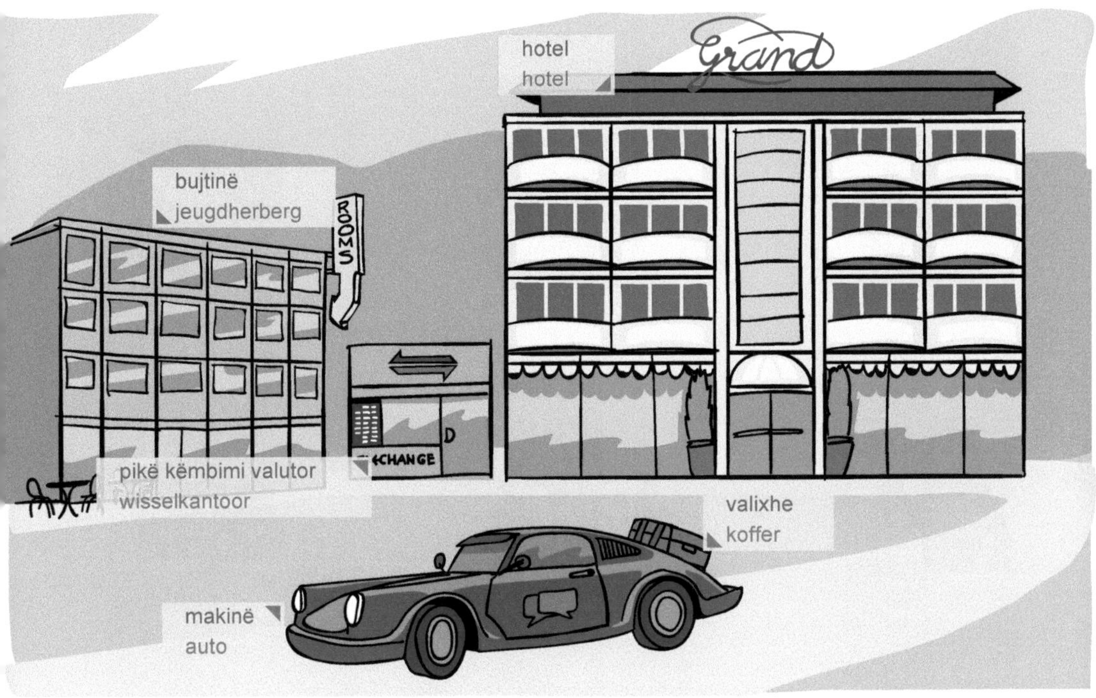
hotel
hotel
Grand
bujtinë
jeugdherberg
ROOMS
CHANGE
pikë këmbimi valutor
wisselkantoor
valixhe
koffer
makinë
auto

gjuhë

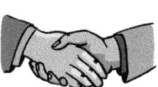

Taal

po / jo

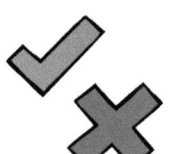

ja / nee

Në rregull

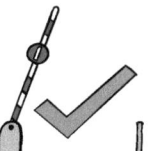

oké

ç'kemi

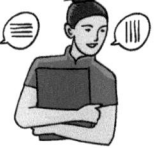

hallo

përkthyes

vertaler

Faleminderit

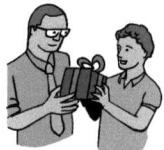

bedankt

sa kushton…?

Hoeveel kost …?

nuk e kuptoj

Ik begrijp het niet

problem

probleem

Mirëmbrëma!

Goedenavond!

Mirëmëngjes!

Goedemorgen!

Natën e mirë!

Goedenavond!

mirupafshim

Tot ziens

drejtim

richting

bagazhet

bagage

çantë

zak

çantë shpine

rugzak

mysafir

gast

dhomë

kamer

thes gjumi

slaapzak

tendë

tent

informacion për turistët

toeristeninformatie

plazh

strand

kartë krediti

kredietkaart

mëngjes

ontbijt

drekë

lunch

darkë

avondeten

Biletë

ticket

ashensor

lift

pulla

postzegel

kufi

grens

doganë

douane

ambasadë

ambassade

vizë

visum

pasaportë

paspoort

udhëtim - reis

transport
transport

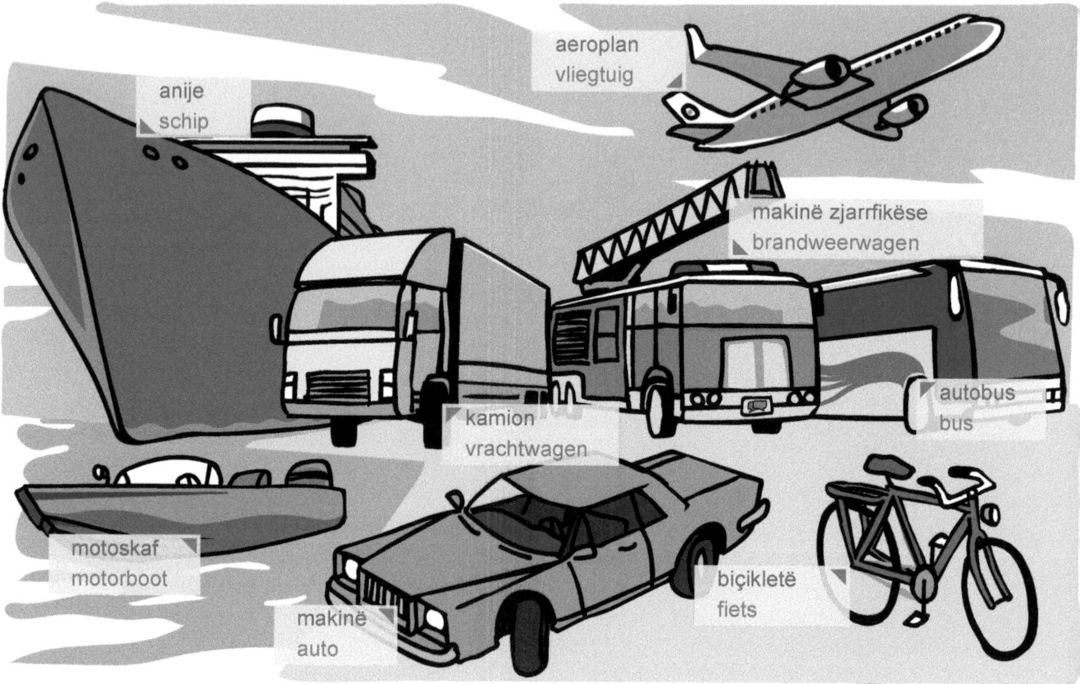
aeroplan
vliegtuig
anije
schip
makinë zjarrfikëse
brandweerwagen
autobus
bus
kamion
vrachtwagen
motoskaf
motorboot
biçikletë
fiets
makinë
auto

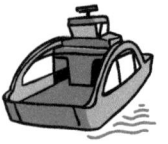

traget

veerboot

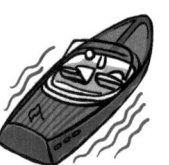

varkë

boot

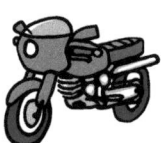

motoçikletë

motor

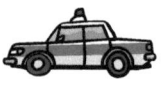

makinë policie

politiewagen

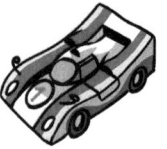

makinë garash

racewagen

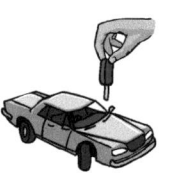

makinë me qira

huurauto

ndarje e qirasë së makinës

carpoolen

karroatrec

sleepwagen

makinë plehrash

vuilniswagen

motor

motor

benzinë

benzine

pikë karburanti

benzinestation

sinjalistikë trafiku

verkeersbord

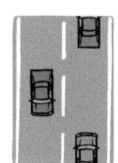

trafik

verkeer

bllokim trafiku

file

parkim makinash

parkeerplaats

stacion treni

station

trase

sporen

tren

trein

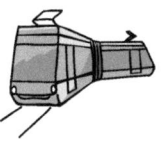

tramvaj

tram

karro

wagon

helikopter

helikopter

aeroport

luchthaven

kullë

toren

pasagjer

passagier

kontenier

container

kuti kartoni

karton

qerre

kar

shportë

mand

ngrihem / ulem

opstijgen / landen

qytet

stad

fshat

dorp

qendra e qytetit

stadscentrum

shtëpi

huis

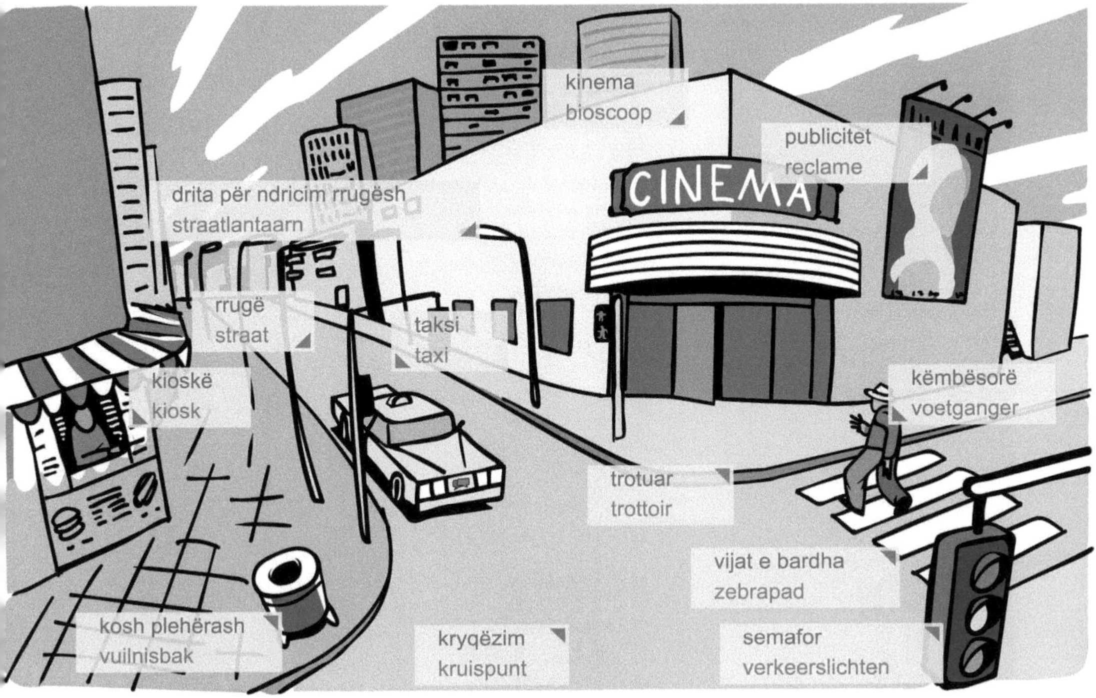

kinema
bioscoop

publicitet
reclame

drita për ndricim rrugësh
straatlantaarn

rrugë
straat

taksi
taxi

kioskë
kiosk

këmbësorë
voetganger

CINEMA

trotuar
trottoir

vijat e bardha
zebrapad

kosh plehërash
vuilnisbak

kryqëzim
kruispunt

semafor
verkeerslichten

kasolle
....
hut

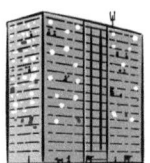

apartament
....
woning

stacion treni
....
station

bashki
....
stadshuis

muze
....
museum

shkolla
....
school

universitet

universiteit

bankë

bank

spital

ziekenhuis

hotel

hotel

farmaci

apotheek

zyrë

kantoor

librari

boekwinkel

dyqan

winkel

dyqan lulesh

bloemenwinkel

supermarket

supermarkt

market

markt

mapo

warenhuis

dyqan peshku

vishandelaar

qëndër tregtare

winkelcentrum

port

haven

park
park

stol
bank

urë
brug

shkallë
trap

metro
metro

tunel
tunnel

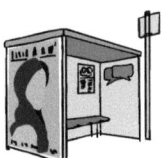

stacion autobuzi
bushalte

bar
bar

restorant
restaurant

kuti postare
brievenbus

sinjalistikë rrugore
straatnaambord

kohëmatës parkimi
parkeermeter

kopsht zoologjik
zoo

pishinë
zwembad

xhami
moskee

fermë

boerderij

ndotje

milieuverontreiniging

varrezë

kerkhof

kishë

kerk

shesh lojërash

speelplaats

tempull

tempel

peisazh
landschap

gjethe
blad

tabela orientuese
wegwijzer

rrugë
weg

livadh
weide

gurë
steen

ekskursionist
wandelaar

pemë
boom

lumë
rivier

bar
gras

lule
bloem

luginë

vallei

kodër

heuvel

liqen

meer

pyll

bos

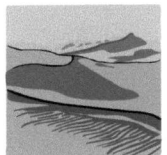

shkretëtirë

woestijn

vullkan

vulkaan

kështjellë

kasteel

ylber

regenboog

kepudhë

paddenstoel

palmë

palmboom

mushkonjë

mug

mizë

vlieg

milingonë

mier

bletë

bijl

merimangë

spin

brumbull

kever

bretkosë

kikker

ketër

eekhoorn

iriq

egel

lepur

haas

buf

uil

zog

vogel

mjellmë

zwaan

derr i egër

wild zwijn

dre

hert

dre brilopatë

eland

digë

dam

turbinë ere

windturbine

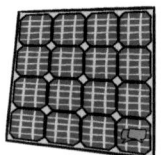

panel diellor

zonnepaneel

klimë

klimaat

restorant
restaurant

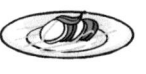

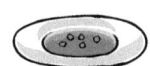

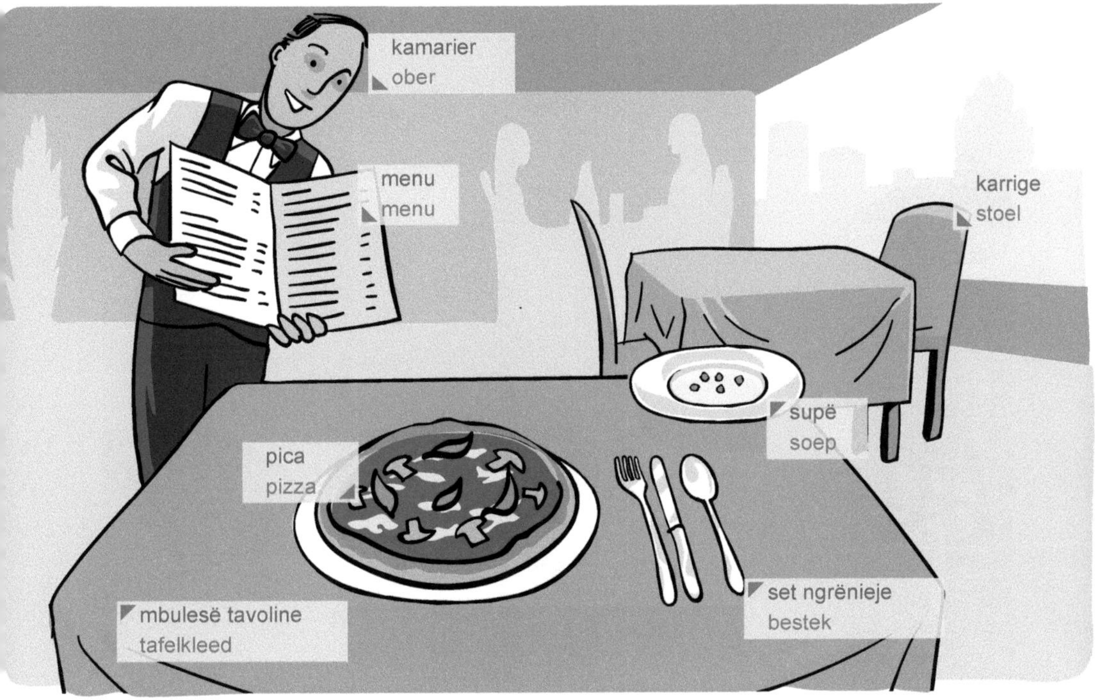
kamarier
ober
menu
menu
karrige
stoel
supë
soep
pica
pizza
set ngrënieje
bestek
mbulesë tavoline
tafelkleed

pjatë e parë

voorgerecht

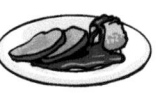

pjatë kryesore

hoofdgerecht

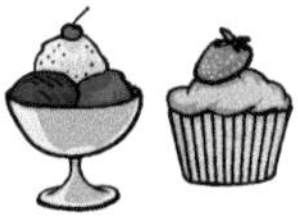

ëmbëlsirë

nagerecht

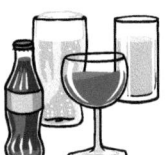

pije

drankjes

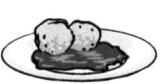

ushqim

eten

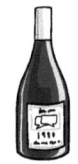

shishe

fles

ushqim i shpejtë

fastfood

ushqim i shërbyer në rrugë

street food

ibrik çaji

theepot

kuti sheqeri

suikerpot

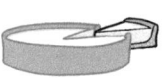

racion

portie

makinë kafeje ekspres

espressomachine

karrige e lartë

kinderstoel

faturë

rekening

tabaka

dienblad

thika

mes

pirun

vork

lugë

lepel

lugë çaji

theelepel

pecetë

serviette

gotë

glas

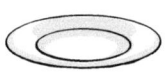

pjatë
bord

pjatë supe
soepbord

pjatë filxhani
schoteltje

salcë
saus

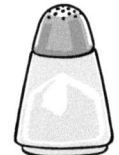

mbajtëse kripe
zoutvatje

mulli piperi
pepermolen

uthull
azijn

vaj
olie

erëza
kruiden

keçap
ketchup

mustardë
mosterd

majonezë
mayonaise

supermarket
supermarkt

ofertë speciale
aanbieding
FOR
klient
klant
produkte bulmeti
zuivelproducten
frut
fruit
karrocë pazari
winkelwagen

BUTCHERS

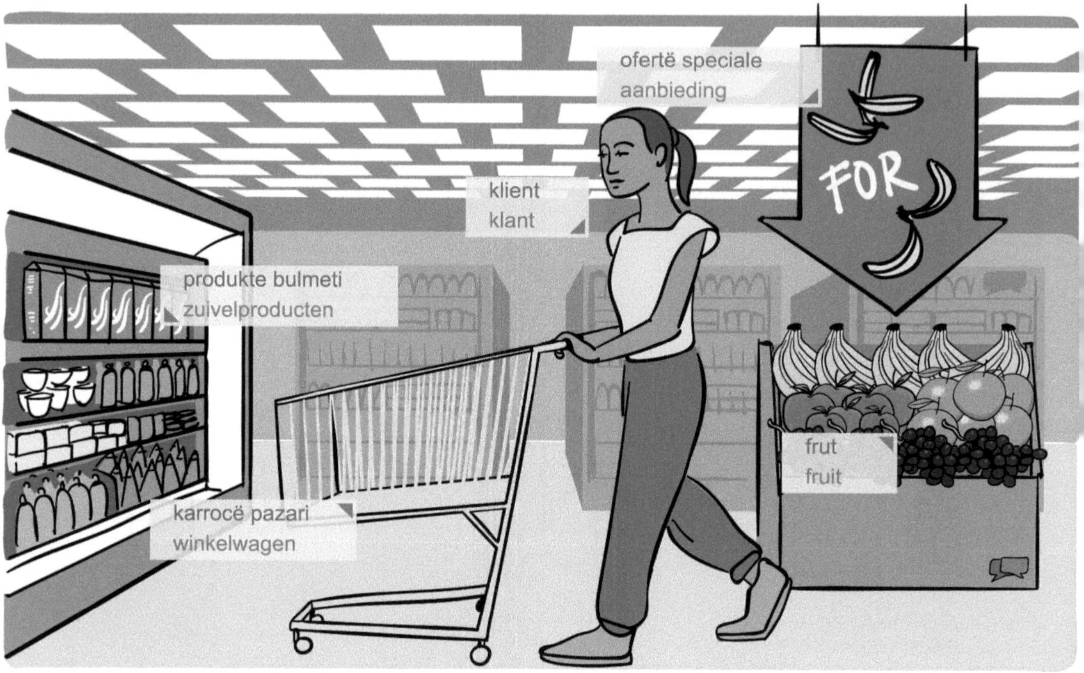

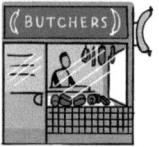

dyqan mishi

slagerij

BAKERY

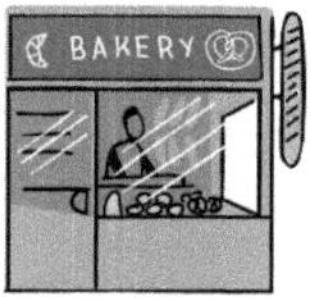

furrë buke

bakkerij

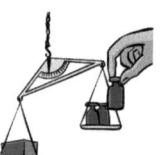

peshoj

wegen

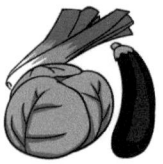

perime

groenten

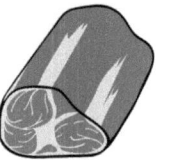

mish

vlees

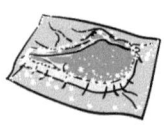

ushqim i ngrirë

diepvriesvoedsel

copë

charcuterie

ushqim i konservuar

conserven

pluhur larës

waspoeder

ëmbëlsirat

snoep

prodhime shtëpie

huishoudproducten

produkte pastrimi

schoonmaakproducten

shitëse

verkoopster

kasë fiskale

kassa

arkëtar

kassier

listë blerjeje

boodschappenlijstje

oraret e punës

openingstijden

portofol

portefeuille

kartë krediti

kredietkaart

çantë

tas

qese plastike

plastieken zakje

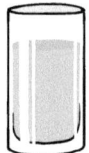

ujë
water

lëng frutash
sap

qumësht
melk

koka-kola
cola

verë
wijn

birrë
bier

alkool
alcohol

kakao
cacao

çaj
thee

kafe
koffie

kafe ekspres
espresso

kapuçino
cappuccino

banane

banaan

mollë

appel

portokalle

sinaasappel

pjepër

meloen

limon

citroen

karrotë

wortel

hudhër

knoflook

bambu

bamboe

qepë

ajuin

kërpudha

champignon

arra

noten

makarona

noodles

spageti

spaghetti

oriz

rijst

sallatë

salade

patate të skuqura

frieten

patate të skuqura

gebakken aardappelen

pica

pizza

hamburger

hamburger

sanduiç

sandwich

shnicel

kalfslapje

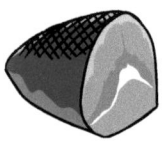

proshutë

ham

sallam

salami

salçiçe

worst

pulë

kip

skuq

braden

peshk

vis

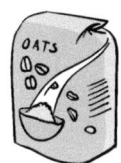

tërshërë

havervlokken

drithëra

muesli

kornfleiks

cornflakes

miell

bloem

kruasant

croissant

panine

pistolet

bukë

brood

tost

toast

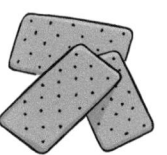

biskotë

koekjes

gjalp

boter

gjizë

kwark

tortë

taart

vezë

ei

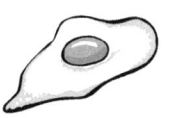

vezë sy

spiegelei

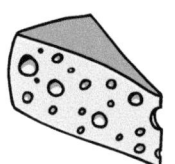

djathë

kaas

akullore

ijs

sheqer

suiker

mjaltë

honing

marmaladë

confituur

çokokrem

choco

këri

curry

fermë

boerderij

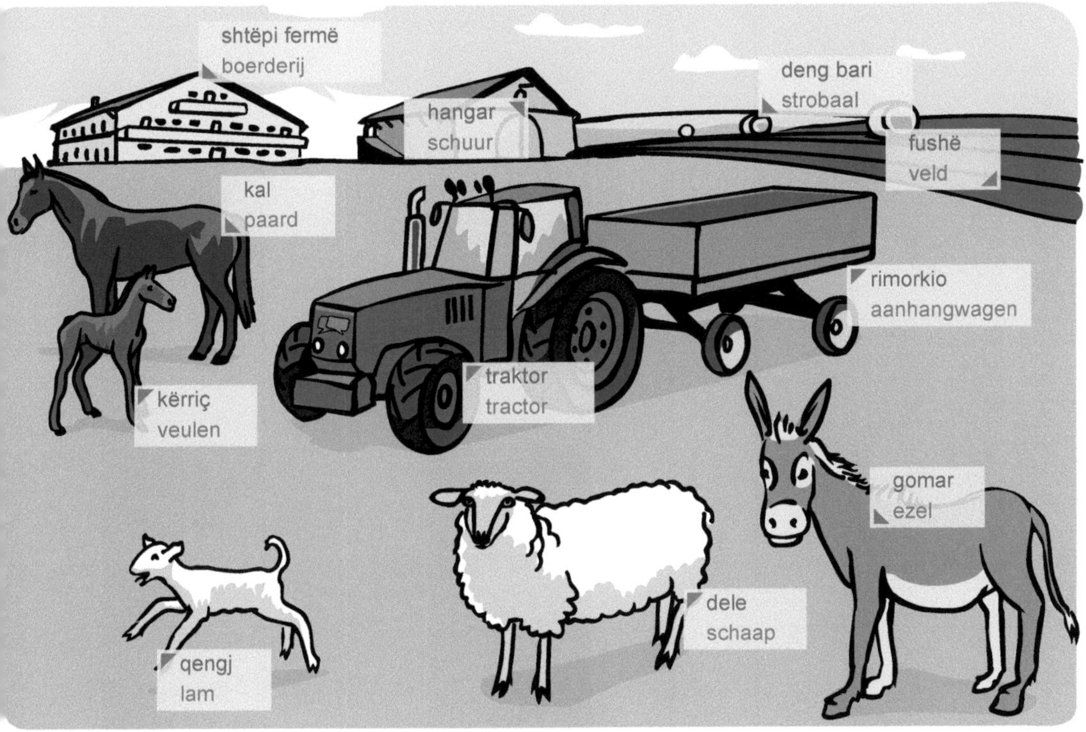
shtëpi fermë
boerderij
hangar
schuur
deng bari
strobaal
fushë
veld
kal
paard
rimorkio
aanhangwagen
traktor
tractor
kërriç
veulen
gomar
ezel
dele
schaap
qengj
lam

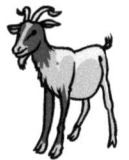

dhi

geit

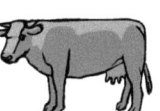

lopë

koe

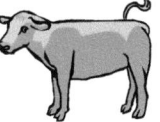

viç

kalf

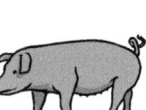

derr

varken

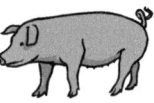

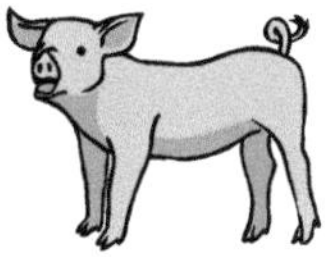

derrkuc

biggetje

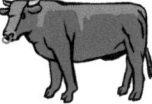

dem

stier

patë
gans

rosë
eend

zog pule
kuiken

pulë
kip

gjel
haan

mi
rat

mace
kat

mi
muis

buall
os

qen
hond

kolibe qeni
hondenhok

zorrë vaditëse
tuinslang

vaditëse
gieter

kosë
zeis

plug
ploeg

drapër

sikkel

shat

schoffel

kosa

hooivork

sëpatë

bijl

karrocë

kruiwagen

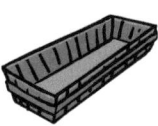

govatë

trog

bidon qumështi

melkkan

thes

zak

gardh

hek

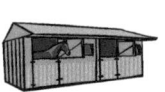

ahur

stal

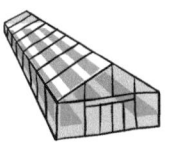

serë

broeikas

dhe

bodem

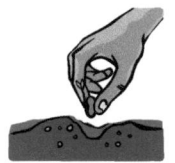

farë

zaad

pleh

mest

autokombanjë

maaidorser

korr

oogsten

te korrat

oogst

patate e ëmbël "Yam"

yam

grurë

tarwe

soja

soja

patate

aardappel

misër

maïs

raps

koolzaad

pemë frutore

fruitboom

zhardhok manioku

maniok

drithëra

graan

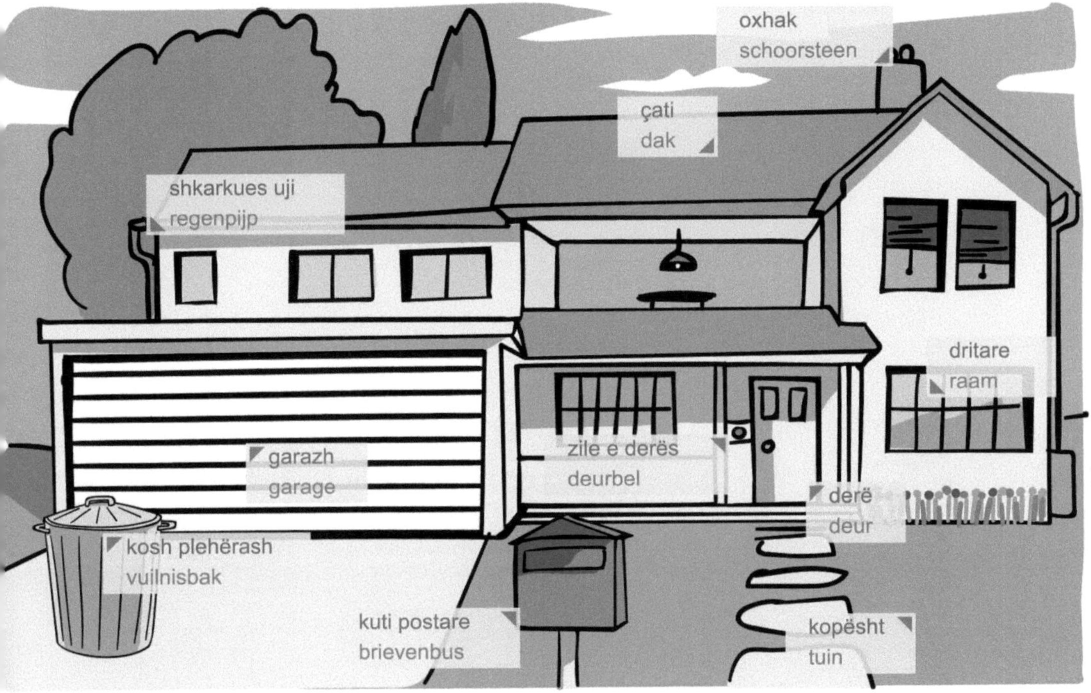

oxhak
schoorsteen

çati
dak

shkarkues uji
regenpijp

dritare
raam

garazh
garage

zile e derës
deurbel

derë
deur

kosh plehërash
vuilnisbak

kuti postare
brievenbus

kopësht
tuin

dhomë ndenjeje
woonkamer

tualet
badkamer

kuzhinë
keuken

dhomë gjumi
slaapkamer

dhomë fëmijësh
kinderkamer

dhomë ngrënieje
eetkamer

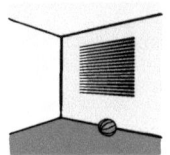

dysheme

vloer

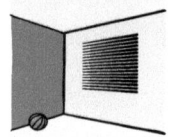

mur

muur

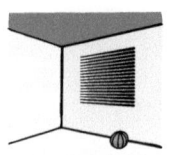

tavan

plafond

bodrum

kelder

sauna

sauna

ballkon

balkon

tarracë

terras

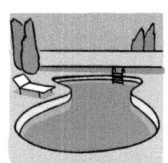

pishinë

zwembad

kositëse bari

grasmaaier

çarçaf

dekbedovertrek

kuvertë

dekbed

krevat

bed

fshesë dore

bezem

kovë

emmer

çelës

schakelaar

dhomë ndenjeje
woonkamer

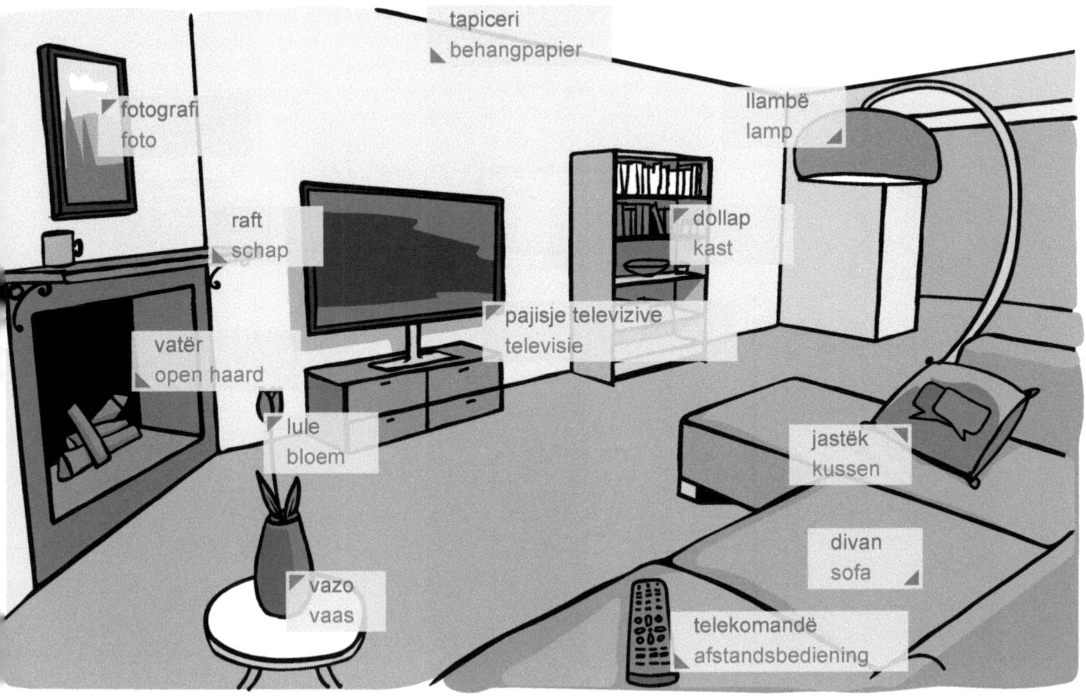
tapiceri
behangpapier
fotografi
foto
llambë
lamp
raft
schap
dollap
kast
pajisje televizive
televisie
vatër
open haard
lule
bloem
jastëk
kussen
divan
sofa
vazo
vaas
telekomandë
afstandsbediening

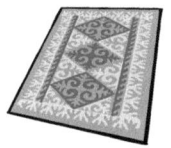

qilim

mat

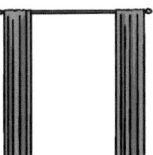

perde

gordijn

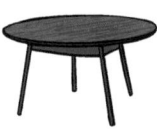

tavolinë

tafel

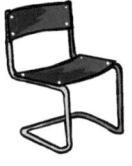

karrige

stoel

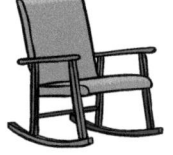

karrige lëkundëse

schommelstoel

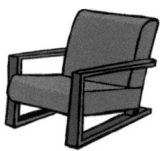

kolltuk

fauteuil

libri

boek

batanije

deken

zbukurime

decoratie

dru zjarri

brandhout

film

film

stereo

stereo-installatie

çelës

sleutel

gazetë

krant

pikturë

schilderij

afishe

poster

radio

radio

bllok shënimesh

notitieboekje

fshesë me korent

stofzuiger

kaktus

cactus

qiri

kaars

kuzhinë
keuken

frigorifer
koelkast
mikrovalë
microgolfoven
peshore kuzhine
keukenweegschaal
toster
broodrooster
detergjent
afwasmiddel
furrë
oven
ngrirës
vriesvak
kosh plehërash
vuilnisbak
lavastovilje
vaatwasmachine

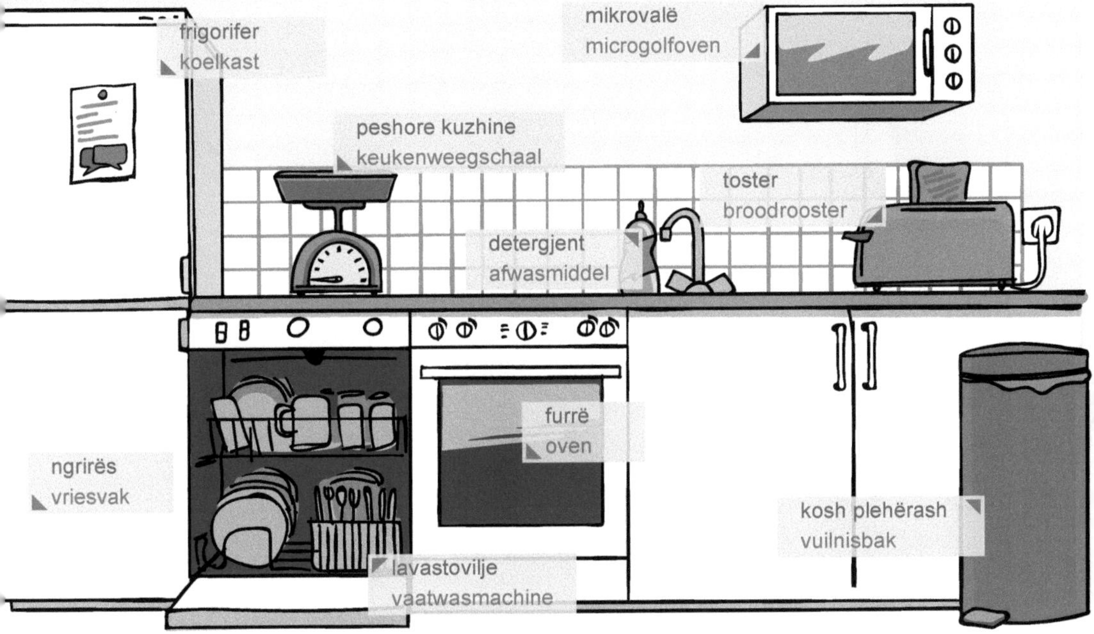

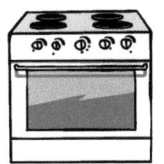

sobë

fornuis

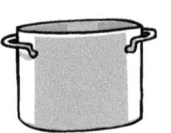

tenxhere

pot

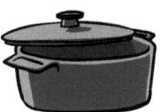

tenxhere me kapak

gietijzeren pot

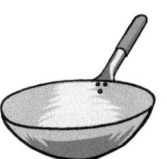

tigan special (Wok)

wok / kadai

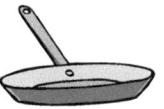

tigan

pan

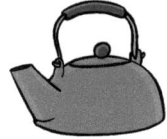

çajnik

waterkoker

tenxhere me avull

stoomkoker

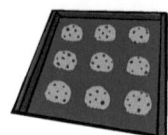

tavë pjekjeje

bakplaat

enë

servies

filxhan

mok

tas

kom

shkopinj

eetstokjes

garuzhde

pollepel

spatul

spatel

tel kuzhine

garde

kulluese

vergiet

sitë

zeef

rende

rasp

havan

mortier

skarë

barbecue

zjarr

haardvuur

dërrasë për prerje

snijplank

okllai

deegrol

heqëse tapash

kurkentrekker

kanaçe

blik

hapëse kanaçeje

blikopener

rrobë për të kapur tenxheren

pannenlap

lavaman

gootsteen

furçë

borstel

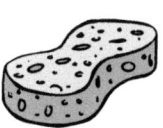

sfungjer

spons

përzjerës

blender

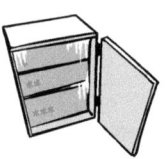

ngrirës

vriezer

biberon për lëngje

papfles

rubinet

kraan

tualet
badkamer

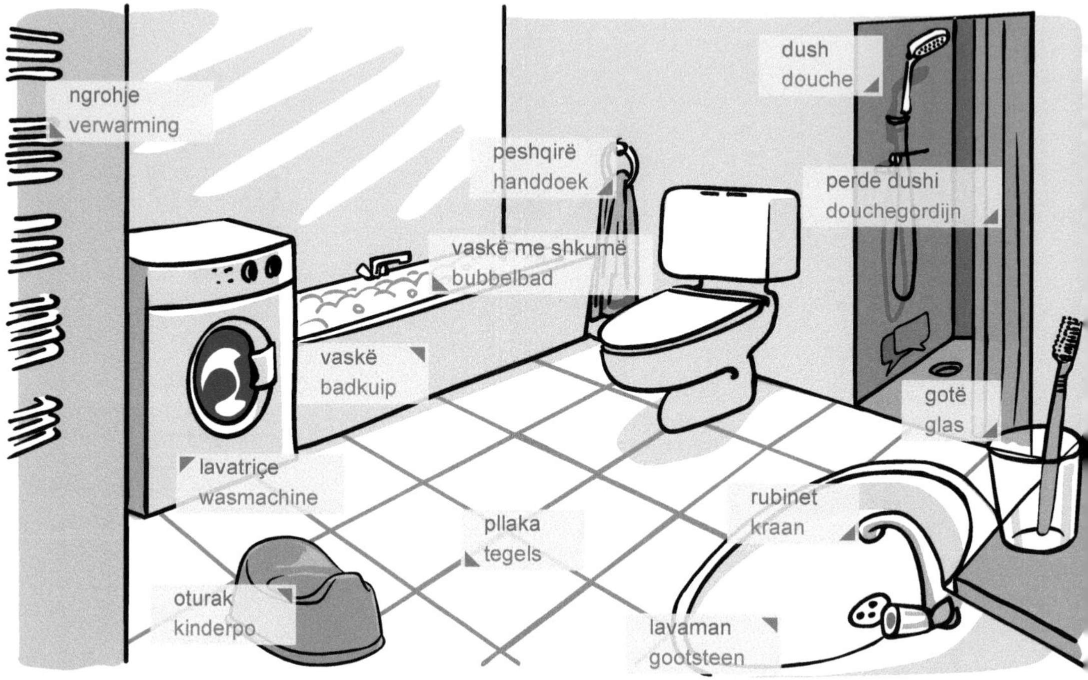
ngrohje
verwarming
peshqirë
handdoek
dush
douche
perde dushi
douchegordijn
vaskë me shkumë
bubbelbad
vaskë
badkuip
gotë
glas
lavatriçe
wasmachine
rubinet
kraan
pllaka
tegels
oturak
kinderpo
lavaman
gootsteen

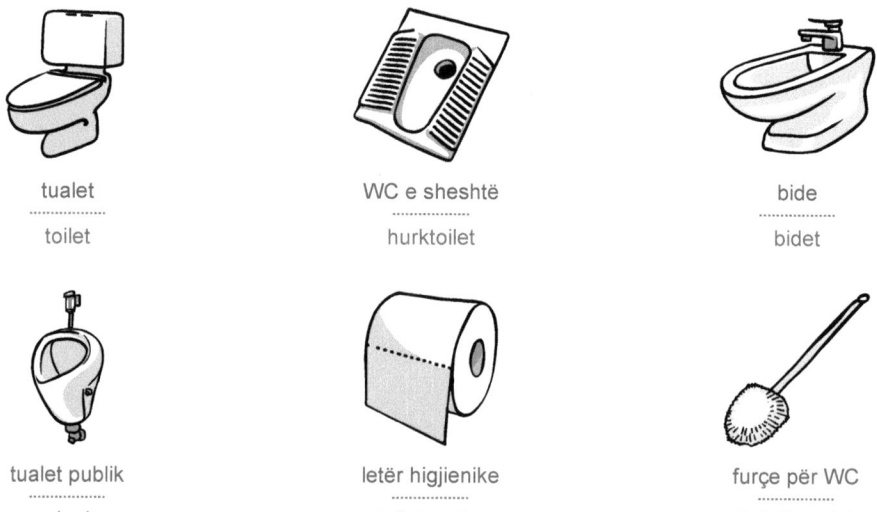

tualet

toilet

WC e sheshtë

hurktoilet

bide

bidet

tualet publik

urinoir

letër higjienike

toiletpapier

furçe për WC

toiletborstel

furçë dhëmbësh

tandenborstel

pastë dhëmbësh

tandpasta

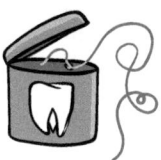

fije dentare

flosdraad

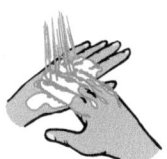

laj

wassen

dorezë dushi

handdouche

larës për zonën intime

bidethanddouche

legen

waskom

furçë për masazh shpine

rugborstel

sapun

zeep

shampo trupi

douchegel

shampo

shampoo

leckë pastruese

washandje

kullues

afvoer

krem

crème

antidjersë

deodorant

pasqyrë

spiegel

pasqyrë dore

handspiegel

brisk rroje

scheermes

shkumë rroje

scheerschuim

locion pas rrojes

aftershave

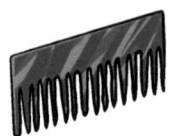

krehër

kam

furçë

borstel

tharëse flokësh

haardroger

llak për flokët

haarlak

grim

make-up

buzëkuq

lippenstift

manikyr

nagellak

mbushje pambuku

watten

gërshërë për thonj

nagelknipper

parfum

parfum

çantë për sendet personale

toilettas

Stol

kruk

peshore

weegschaal

robëdëshambër

badjas

dorashka gome

latex handschoenen

tampon

tampon

peceta higjienike

maandverband

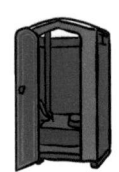

tualet I lëvizshëm

chemisch toilet

orë me zile
wekker

lodra me pellushë
knuffel

makinë lodër
speelgoedauto

rraketake
rammelaar

shtëpi kukullash
poppenhuis

dhuratë
geschenk

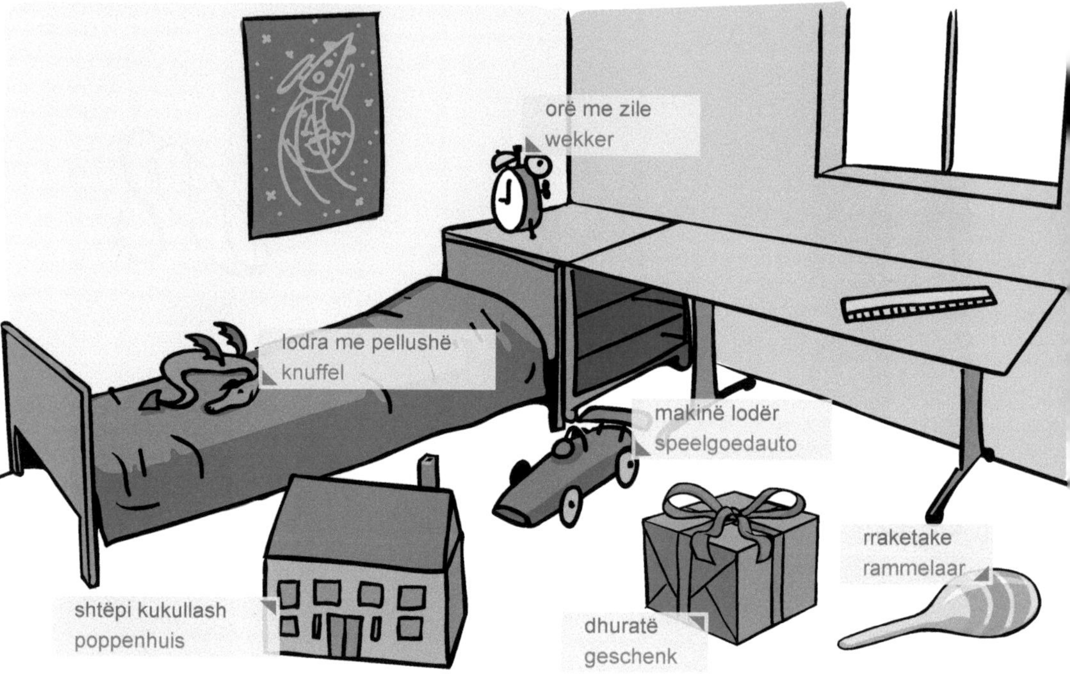

tollumbace

ballon

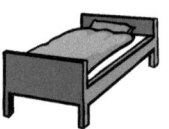

krevat

bed

karrocë fëmijësh

kinderwagen

lojë me letra

spel kaarten

bashkim pjesësh me figura

puzzel

komik

stripboek

formuese lodër

legoblokjes

kuba plastikë

blokken

lodra

actiefiguur

badi

kruippakje

frizbi

frisbee

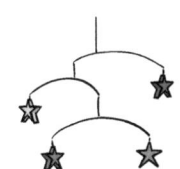

lodra të varura tek krevati i fëmijëve

mobiel

tavolinë lojërash

bordspel

zare

dobbelsteen

model treni

modelspoorweg

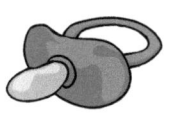

biberon

fopspeen

festë

feest

libër me ilustrime

prentenboek

top

bal

kukull

pop

luaj

spelen

grumbull rëre
zandbak

kolovarëse
schommel

lodra
speelgoed

leva për lojra video
spelconsole

triçikël
driewieler

arush prej pellushi
knuffelbeer

garderobë
kleerkast

veshje
kleding

çorape
sokken

çorape të gjata
kousen

geta
maillot

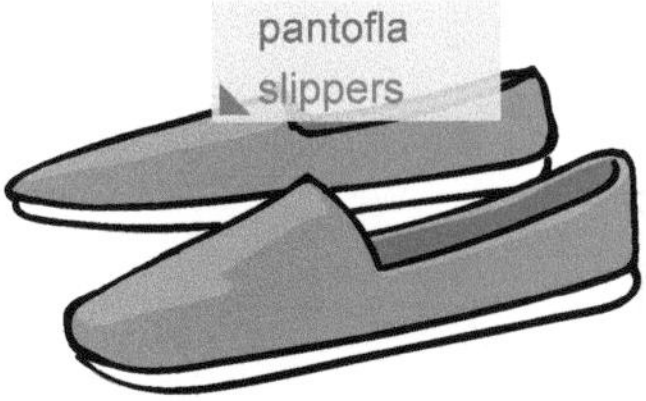

shall
sjaal

çadër
paraplu

bluzë pa jakë
T-shirt

rrip
riem

çizme
laarzen

pantofla
slippers

atlete
sneakers

sandale
....
sandalen

këpucë
....
schoenen

çizme llastiku
....
rubberlaarzen

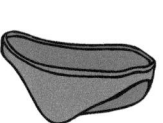

të mbathura
....
onderbroek

reçipeta
....
beha

kanotierë
....
onderhemd

trup
lichaam

pantallona
broek

xhinse
jeans

fund
rok

bluzë
blouse

këmishë
hemd

pulovër
trui

triko
capuchontrui

xhaketë
blazer

xhaketë
jas

pallto
jas

mushama shiu
regenjas

kostum
kostuum

fustan
jurk

fustan nusërie
trouwjurk

kostum

pak

këmishë nate

nachthemd

pizhama

pyjama

sari (veshje tradicionale indiane)

sari

shami koke

hoofddoek

çallmë

tulband

veshje për femrat e besimit musliman

boerka

kaftan (lloj veshjeje tradicionale)

kaftan

ferexhe

abaya

kostum banje

badpak

rroba banje

zwembroek

pantallona të shkurtra

short

tuta sporti

trainingspak

përparëse

schort

dorashka

handschoenen

kopsë
knoop

syze
bril

byzylyk
armband

gjerdan
ketting

unazë
ring

vath
oorbel

kapuç
pet

varëse për pallto
kapstok

kapele
hoed

kravatë
das

zinxhir
rits

helmetë
helm

tiranda
bretellen

uniformë shkolle
schooluniform

uniformë
uniform

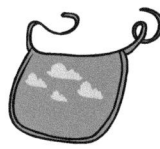

gushore

slabbetje

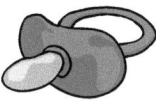

biberon

fopspeen

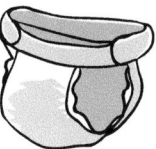

pelenë

luier

zyrë
kantoor

server
server
skedar
dossierkast
printer
printer
letër
papier
ekran
monitor
maus
muis
tavolinë
bureau
dosje
map
tastierë
toestenbord
kosh letrash
papiermand
kompjuter
computer
karrige
stoel

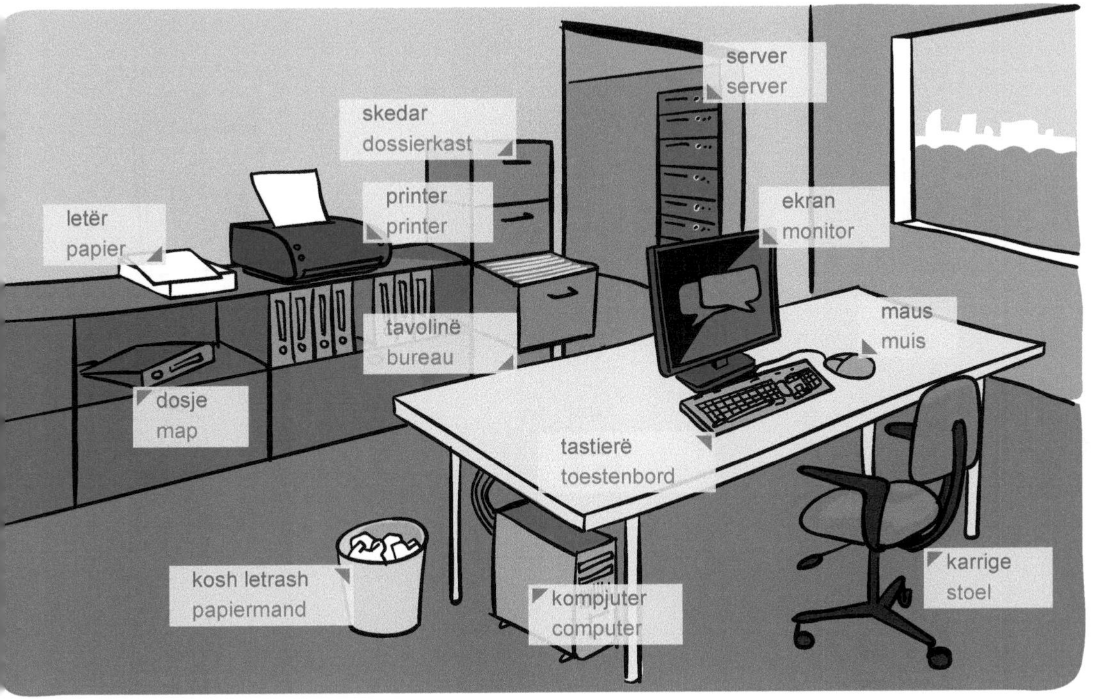

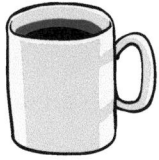

filxhan kafeje

koffiemok

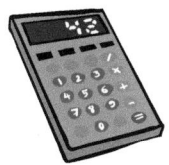

makinë llogaritëse

rekenmachine

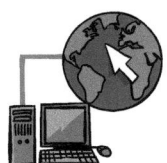

internet

internet

kompjuter portativ

laptop

letër

brief

mesazh

bericht

telefon

gsm

rrjet

netwerk

fotokopje

kopieerapparaat

program

software

telefon

telefoon

prizë

stopcontact

pajisje faksi

fax

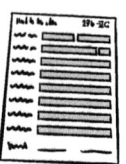

formular

formulier

dokument

document

blej

kopen

paguaj

betalen

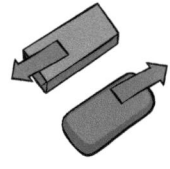

tregtoj

handelen

para

geld

dollar

dollar

euro

euro

jen

yen

rubla

roebel

franga zvicerane

Zwitserse frank

juani kinez

Chinese renminbi

rupje

roepie

bankomat

geldautomaat

pikë këmbimi valutor

wisselkantoor

ar

goud

argjend

zilver

nafta

olie

energji

energie

çmim

prijs

kontratë

contract

taksë

belasting

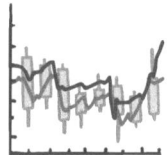

aksione

aandeel

punoj

werken

punonjës

werknemer

punëdhënës

werkgever

fabrikë

fabriek

dyqan

winkel

profesionet
beroepen

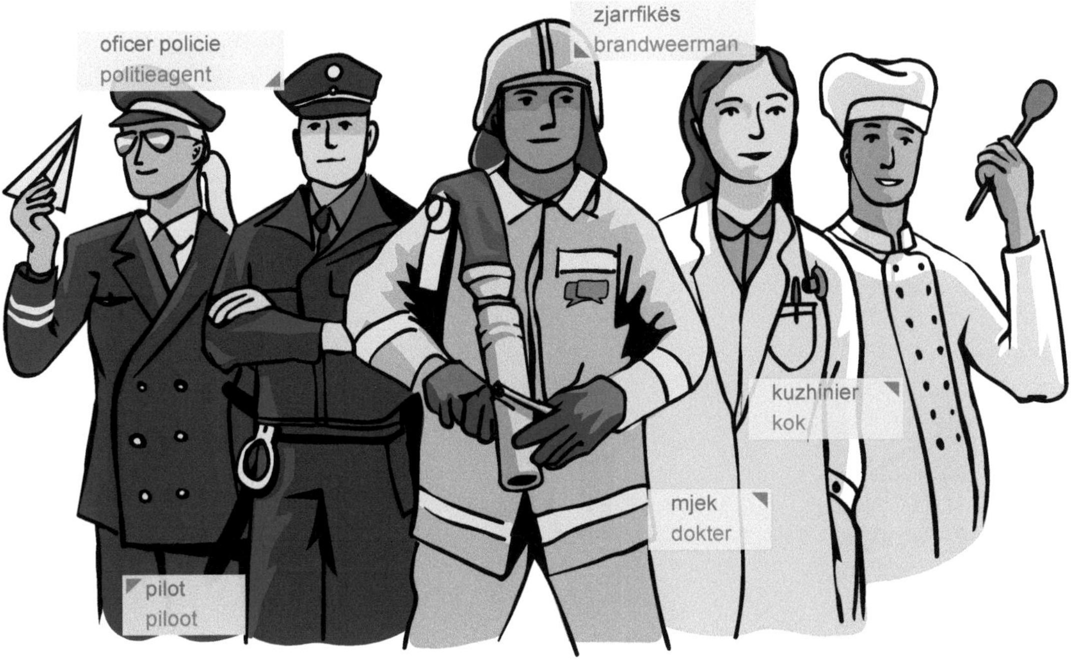

oficer policie
politieagent
zjarrfikës
brandweerman
kuzhinier
kok
mjek
dokter
pilot
piloot

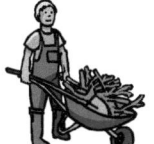

kopshtar

tuinman

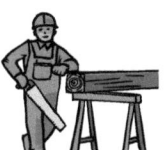

marangoz

timmerman

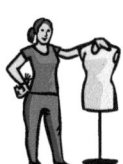

rrobaqepëse

naaister

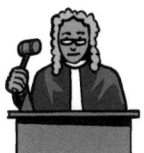

gjykatës

rechter

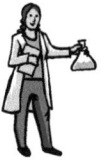

kimist

chemicus

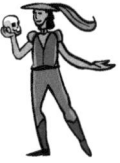

aktor

acteur

shofer autobuzi

buschauffeur

taksist

taxichauffeur

peshkatar

visser

pastruese

schoonmaakster

riparues çatish

dakdekker

kamarier

ober

gjuetar

jager

piktor

schilder

furrxhi

bakker

elektriçist

elektricien

ndërtues

bouwvakker

inxhinier

ingenieur

kasap

slager

hidraulik

loodgieter

postieri

postbode

ushtar

soldaat

arkitekt

architect

arkëtar

kassier

luleshitës

bloemist

berber

kapper

kontrollor

conducteur

mekanik

mecanicien

kapiten

kapitein

dentist

tandarts

shkencëtar

wetenschapper

rabin

rabbijn

imam

imam

murg

monnik

klerik

geestelijke

mjete
werktuigen

pinca
tang
çekiç
hamer
kaçavidë
schroevendraaier
elektrik dore
zaklamp
çelës mekanik
schroefsleutel

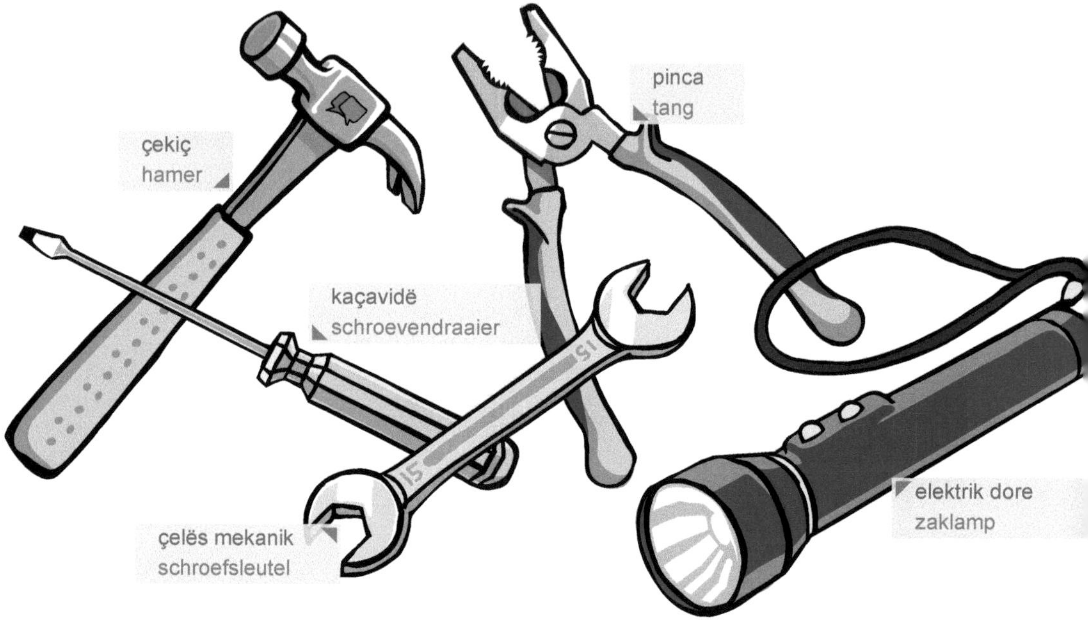

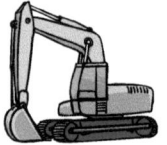

ekskavator

graafmachine

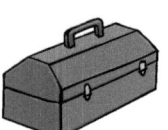

kuti veglash

gereedschapskoffer

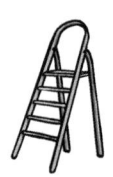

shkallë

ladder

sharrë

zaag

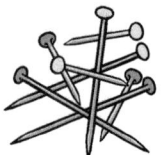

gozhdë

spijkers

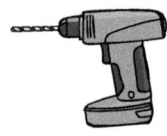

trapan

boormachine

riparoj
repareren

lopatë
schop

Dreq!
Verdomme!

kaci
blik

kuti boje
verfpot

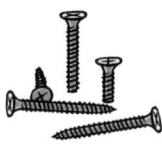

vidhë
schroeven

instrumenta muzikorë
muziekinstrumenten

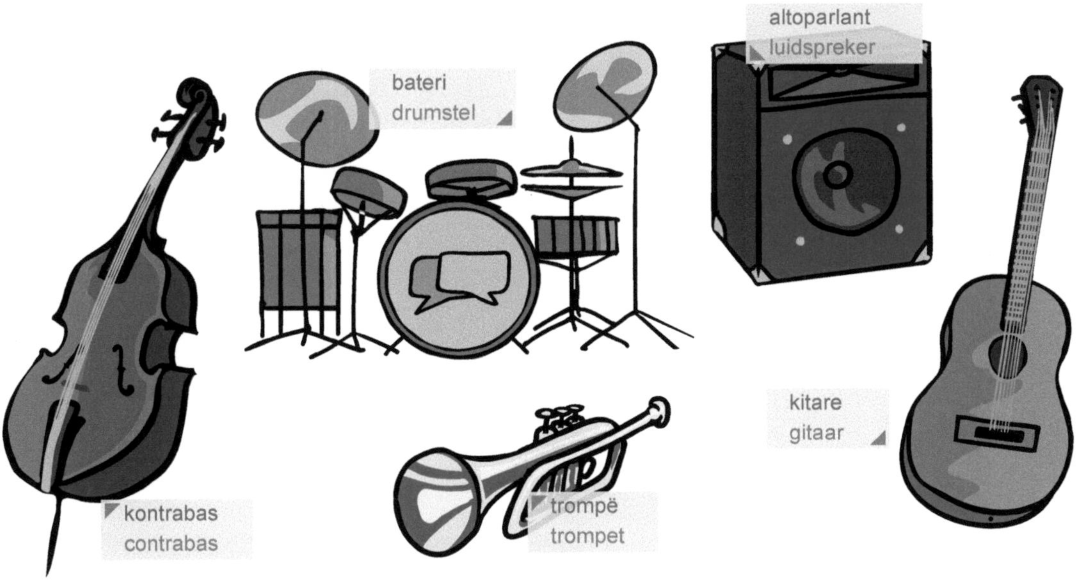

kontrabas
contrabas

bateri
drumstel

altoparlant
luidspreker

kitare
gitaar

trompë
trompet

piano

piano

violinë

viool

bas

basgitaar

tamburë

pauk

daulle

trommels

tastierë pianoje

keyboard

saksofon

saxofoon

flaut

fluit

mikrofon

microfoon

kopsht zoologjik

zoo

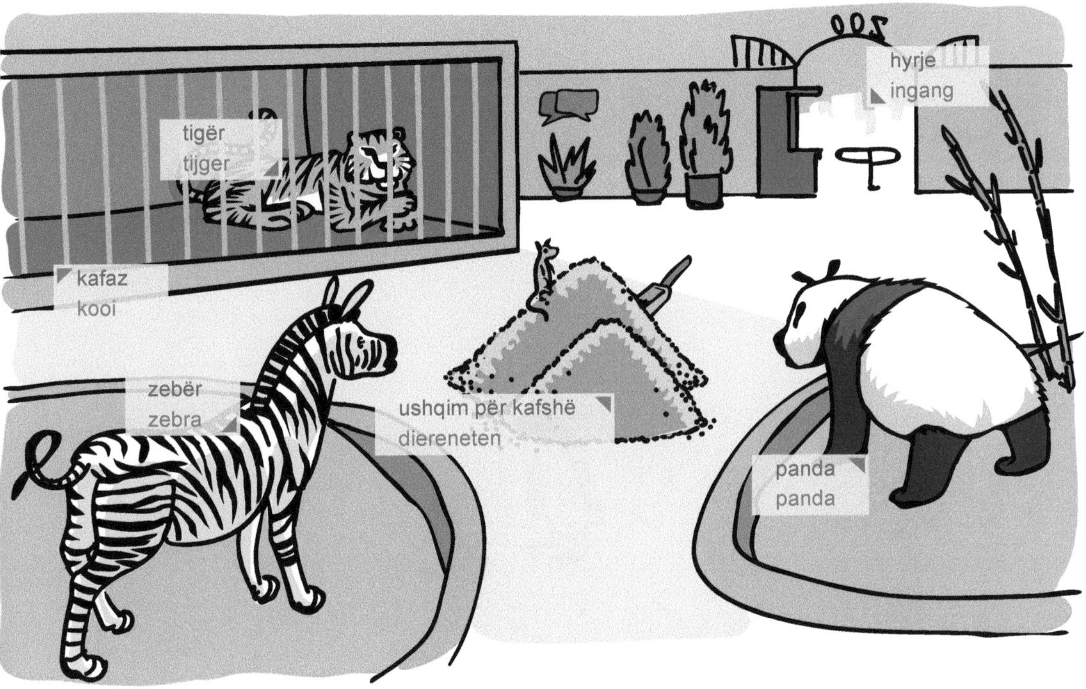

hyrje
ingang
tigër
tijger
kafaz
kooi
zebër
zebra
ushqim për kafshë
diereneten
panda
panda

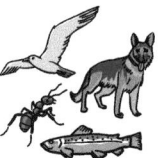

kafshë

dieren

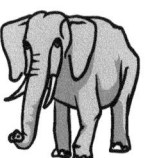

elefant

olifant

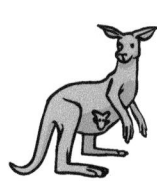

kangur

kangoeroe

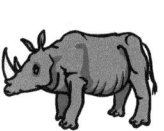

rinoceront

neushoorn

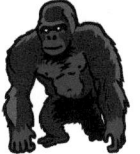

gorillë

gorilla

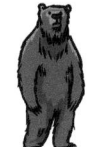

ari

beer

deve

kameel

struc

struisvogel

luan

leeuw

majmun

aap

flamingo

flamingo

papagall

papegaai

ari polar

ijsbeer

pinguin

pinguïn

peshkaqen

haai

pallua

pauw

gjarpër

slang

krokodil

krokodil

punonjës i kopshtit zoologjik

dierenverzorger

fokë

zeehond

xhaguar

jaguar

poni
pony

leopard
luipaard

hipopotam
nijlpaard

gjirafë
giraffe

shqiponjë
adelaar

derr i egër
wild zwijn

peshk
vis

breshkë
zeeschildpad

lopë deti
walrus

dhelpër
vos

gazelë
gazelle

futboll amerikan
rugby

çiklizëm
wielrennen

tenis
tennis

basketboll
basketbal

not
zwemmen

hokej mbi akull
ijshockey

boks
boksen

futboll
voetbal

badminton
badminton

atletikë
atletiek

hendboll
handbal

ski
skiën

polo
polo

qesh
lachen

hidhem
springen

përqafoj
knuffelen

eci
wandelen

këndoj
zingen

ëndërroj
dromen

lutem
bidden

puth
kussen

shkruaj
schrijven

vizatoj
tekenen

tregoj
tonen

shtyj
duwen

jap
geven

marr
nemen

kam

hebben

bëj

doen

jam

zijn

qëndroj

staan

vrapoj

lopen

tërheq

trekken

hedh

gooien

bie

vallen

shtrihem

liggen

pres

wachten

mbaj

dragen

ulem

zitten

vishem

aankleden

fle

slapen

zgjohem

ontwaken

shikoj

kijken naar

qaj

wenen

përkëdhel

aaien

kreh

kammen

bisedoj

praten

kuptoj

begrijpen

kërkoj

vragen

dëgjoj

luisteren

pi

drinken

ha

eten

sistemoj

opruimen

dashuroj

houden van

gatuaj

koken

drejtoj makinën

rijden

fluturoj

vliegen

lundroj
....
zeilen

llogaris
....
rekenen

lexoj
....
Lezen

mësoj
....
leren

punoj
....
werken

martohem
....
trouwen

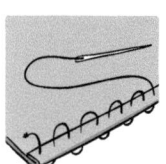

qep
....
naaien

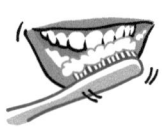

laj dhëmbët
....
tandenpoetsen

vras
....
doden

tymos
....
roken

dërgoj
....
sturen

gjyshe
grootmoeder

gjysh
grootvader

baba
vader

nënë
moeder

bebe
baby

vajzë
dochter

djalë
zoon

mysafir

gast

teze, hallë

tante

dajë, xhaxha

oom

vëlla

broer

motër

zus

trupi
lichaam

balli
voorhoofd
syri
oog
shpatulla
schouder
gishti
vinger
fytyra
gezicht
mjekra
kin
dora
hand
këmba
been
krahërori
borst
krahu
arm

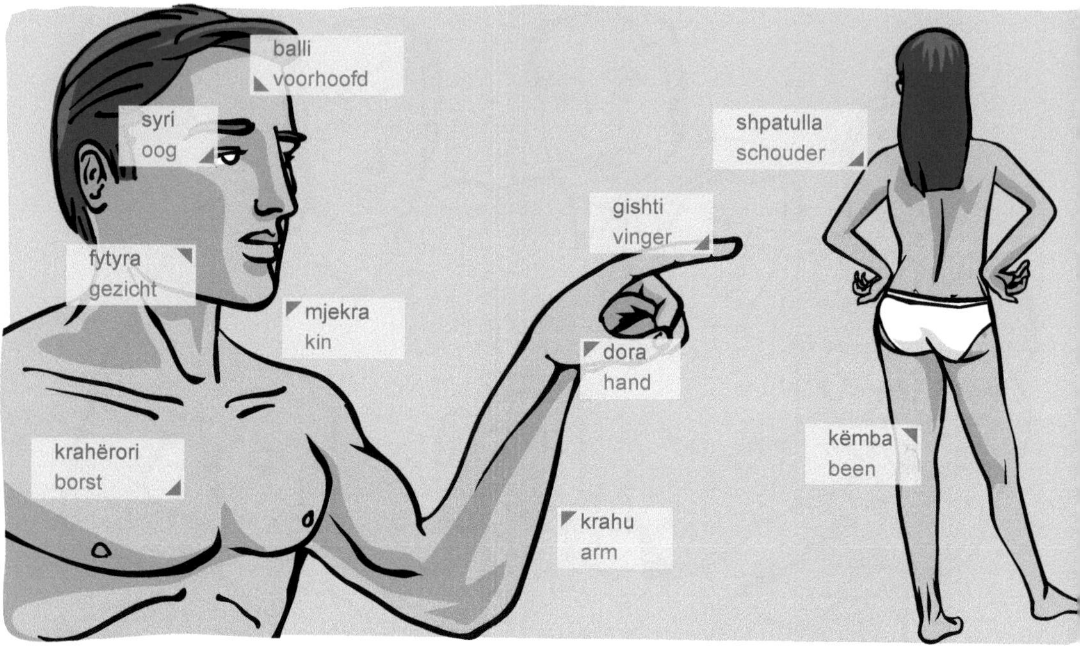

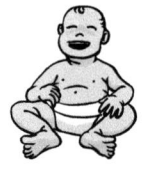

bebe

baby

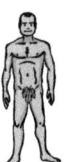

burrë

man

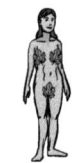

grua

vrouw

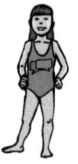

vajzë

meisje

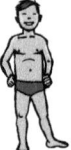

djalë

jongen

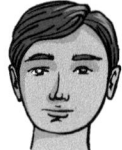

koka

hoofd

shpina

rug

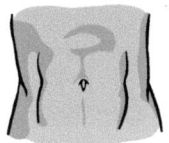

barku

buik

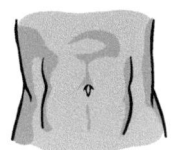

kërthiza

navel

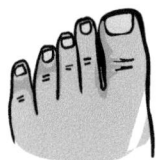

gisht këmbe

teen

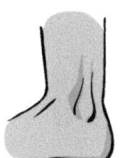

Thembra

hiel

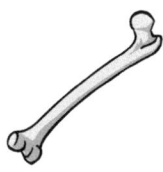

kockë

bot

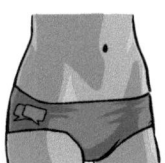

legeni

heup

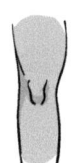

gjuri

knie

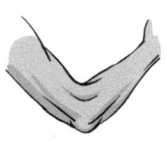

bërryli

elleboog

hunda

neus

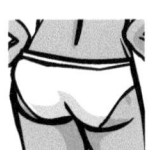

vithe

zitvlak

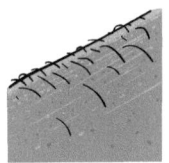

lëkura

huid

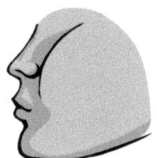

faqja

wang

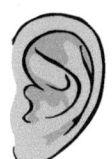

veshi

oor

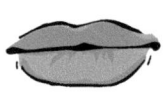

buza

lip

trupi - lichaam

69

goja
mond

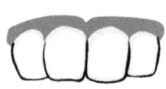

dhëmbët
tand

gjuha
tong

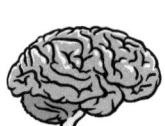

truri
hersenen

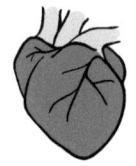

zemra
hart

muskul
spier

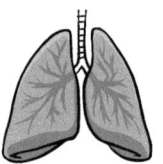

mushkëria
long

mëlçia
lever

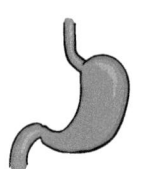

stomaku
maag

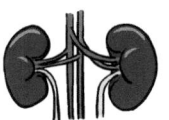

veshka
nieren

seks
seks

prezervativ
condoom

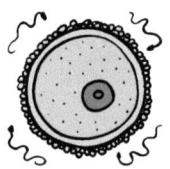

veza
eicel

sperma
sperma

shtatëzani
zwangerschap

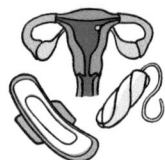

menstruacione

menstruatie

vagina

vagina

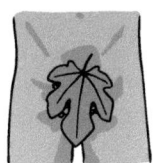

penis

penis

vetulla

wenkbrauw

flokët

haar

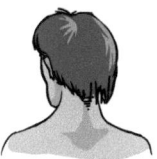

qafa

nek

spital
ziekenhuis

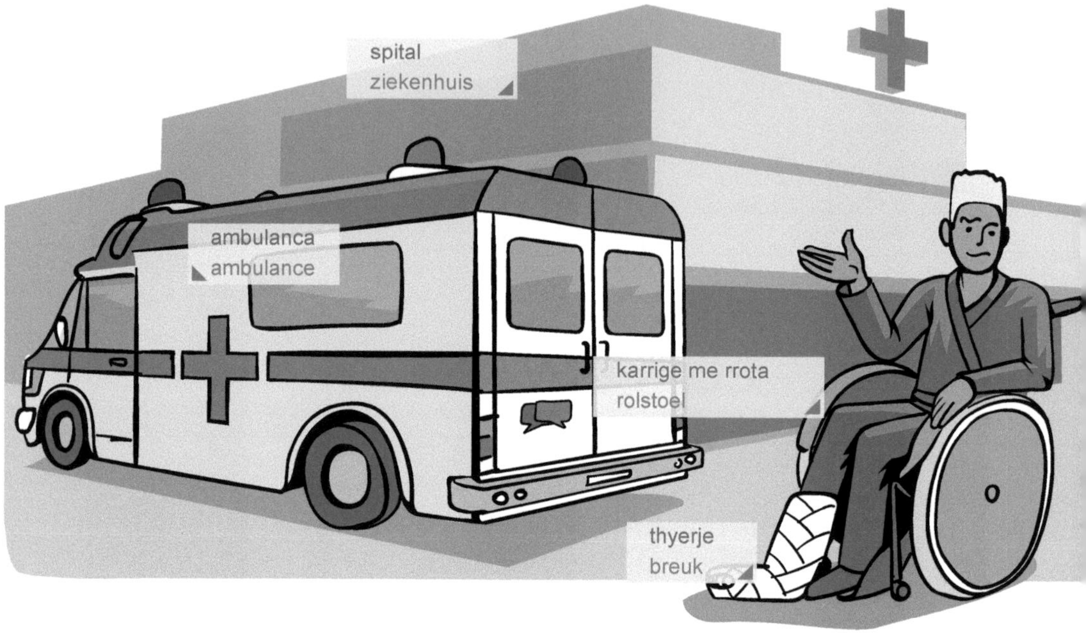

spital
ziekenhuis
ambulanca
ambulance
karrige me rrota
rolstoel
thyerje
breuk

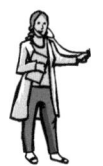

mjek

dokter

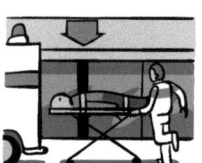

sallë urgjencash

spoed

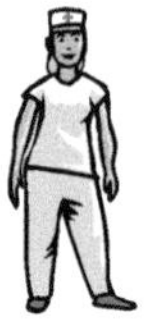

infermiere

verpleegkundige

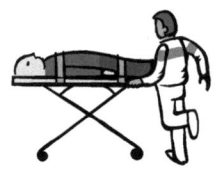

emergjencë

noodgeval

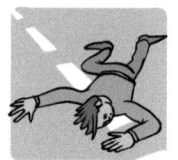

i pandërgjegjshëm

bewusteloos

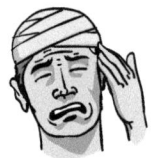

dhimbje

pijn

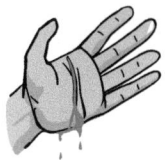

dëmtim

verwonding

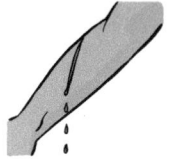

gjakosje

bloeding

infarkt

hartaanval

goditje

beroerte

alergji

allergie

kolla

hoest

ethe

koorts

grip

griep

diarre

diarree

dhimbje koke

hoofdpijn

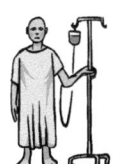

kancer

kanker

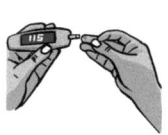

diabet

diabetes

kirurg

chirurg

bisturi

scalpel

operacion

operatie

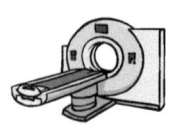

CT (skaner)
CT

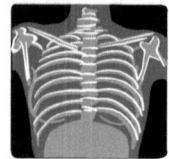

radiografi
röntgenstraal

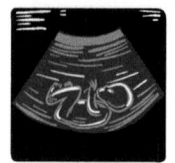

ultratingull
ultrageluid

maskë fytyre
gezichtsmasker

sëmundje
ziekte

dhomë pritjeje
wachtkamer

paterica
kruk

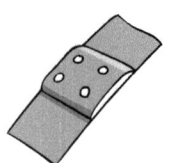

leukoplast
pleister

fasho
verband

injeksion
injectie

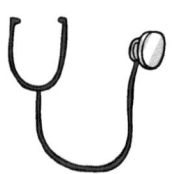

stetoskop
stethoscoop

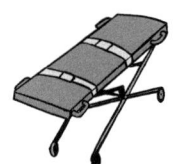

barelë
brancard

termometër
thermometer

lindje
geboorte

mbipeshë
overgewicht

aparat dëgjimi

hoorapparaat

dezinfektant

ontsmettingsmiddel

infeksion

infectie

virus

virus

HIV / AIDS

HIV / AIDS

mjekësi, mjekim

medicijn

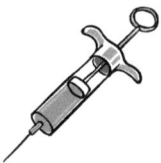

vaksinim

vaccinatie

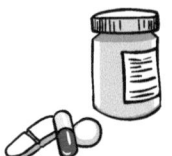

tableta

tabletten

pilulë

pil

telefonatë emergjence

noodoproep

aparat tensioni

bloeddrukmeter

i sëmurë / i shëndetshëm

ziek / gezond

Ndihmë!

Help!

alarm

alarm

sulm

overval

atak

aanval

rrezik

gevaar

dalje emergjence

nooduitgang

Zjarr!

Brand!

fikëse zjarri

brandblusser

aksident

ongeval

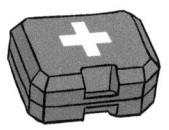

kuti e ndimës së shpejtë

EHBO-kit

SOS

SOS

policia

politie

Europa

Europa

Amerika e Veriut

Noord-Amerika

Amerika e Jugut

Zuid-Amerika

Afrika

Afrika

Azia

Azië

Australia

Australië

Atlantiku

Atlantische Oceaan

Paqësori

Stille Oceaan

Oqeani Indian

Indische Oceaan

Oqeani Antarktik

Antarctische Oceaan

Oqeani Arktik

Arctische Oceaan

Poli i veriut

Noordpool

Poli i Jugut

Zuidpool

Antarktida

Antarctica

toka

aarde

tokë

land

det

zee

ishull

eiland

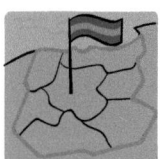

komb

natie

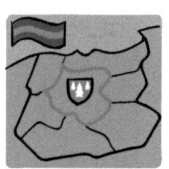

shtet

staat

fusha e orës

wijzerplaat

akrepi i orës

uurwijzer

akrepi i minutave

minuutwijzer

akrepi i sekondave

secondewijzer

Sa është ora?

Hoe laat is het?

ditë

dag

kohë

tijd

tani

nu

orë dixhitale

digitale horloge

minutë

minuut

orë

uur

javë

week

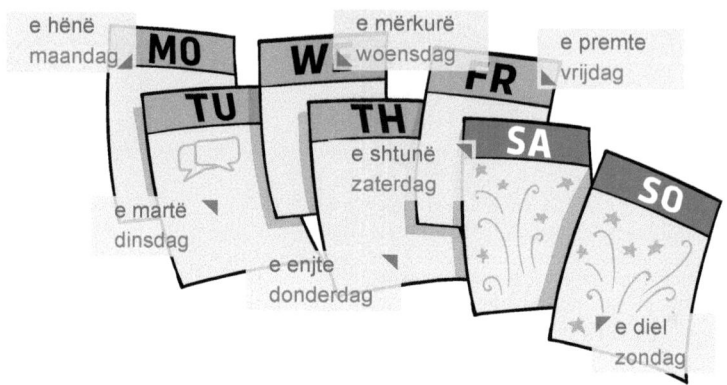

e hënë
maandag

e mërkurë
woensdag

e premte
vrijdag

e shtunë
zaterdag

e martë
dinsdag

e enjte
donderdag

e diel
zondag

dje
gisteren

sot
vandaag

nesër
morgen

mëngjes
ochtend

mesditë
middag

mbrëmje
avond

MO	TU	WE	TH	FR	SA	SU
1	2	3	4	5	6	7
8	9	10	11	12	13	14
15	16	17	18	19	20	21
22	23	24	25	26	27	28
29	30	31	1	2	3	4

ditë pune
werkdagen

MO	TU	WE	TH	FR	SA	SU
1	2	3	4	5	6	7
8	9	10	11	12	13	14
15	16	17	18	19	20	21
22	23	24	25	26	27	28
29	30	31	1	2	3	4

fundjavë
weekend

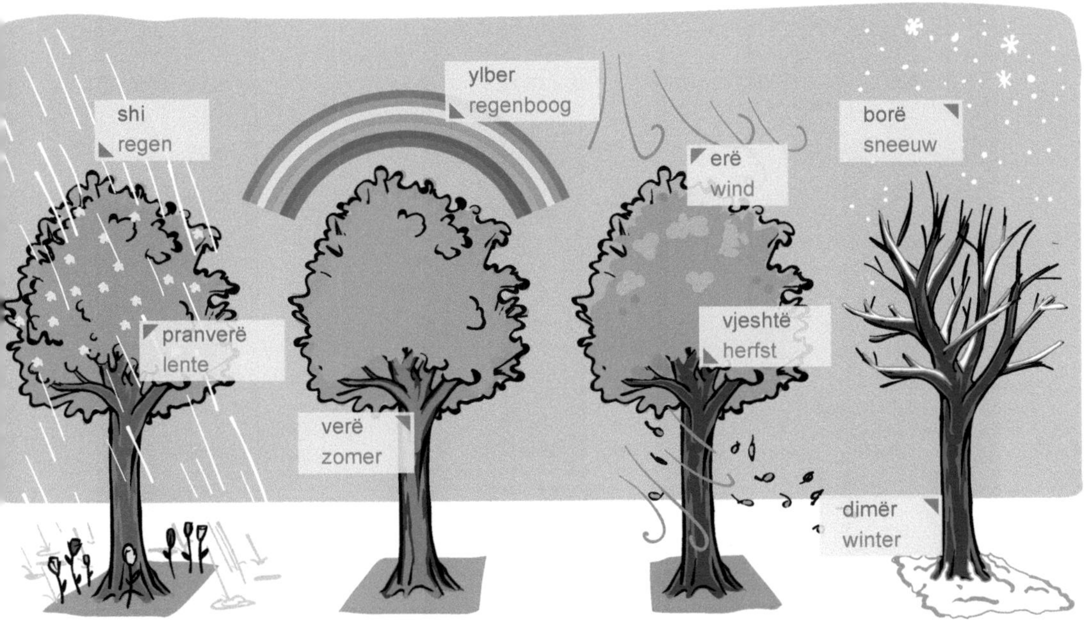

shi
regen

ylber
regenboog

erë
wind

borë
sneeuw

pranverë
lente

verë
zomer

vjeshtë
herfst

dimër
winter

parashikimi i motit
··············
weervoorspelling

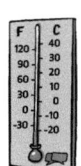

termometër
··············
thermometer

ndriçim dielli
··············
zonneschijn

re
··············
wolk

mjegull
··············
mist

lagështi
··············
vochtigheid

vetëtima

bliksem

gjëmim

donder

stuhi

storm

breshër

hagel

muson

moesson

përmbytje

overstroming

akull

ijs

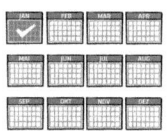

janar

januari

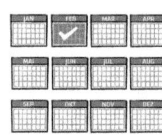

shkurt

februari

mars

maart

prill

april

maj

mei

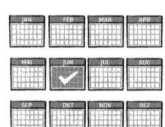

qershor

juni

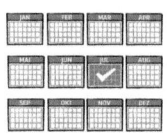

korrik

juli

gusht

augustus

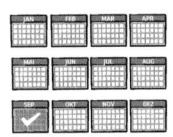

shtator
....
september

tetor
....
oktober

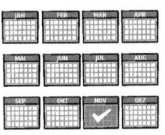

nëntor
....
november

dhjetor
....
december

rreth
....
cirkel

katror
....
kwadraat

drejtkëndësh
....
rechthoek

trekëndësh
....
driehoek

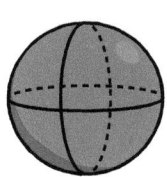

sferë
....
bol

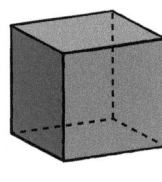

kub
....
kubus

e bardhë

wit

e verdhë

geel

portokalli

oranje

rozë

roze

e kuqe

rood

vjollcë

paars

blu

blauw

e gjelbër

groen

kafe

bruin

gri

grijs

e zezë

zwart

shumë / pak

veel / weinig

i nevrikosur / i qetë

boos / kalm

i bukur / i shëmtuar

mooi / lelijk

fillim / fund

begin / einde

i madh / i vogël

groot / klein

i ndritshëm / i errët

licht / donker

vëlla / motër

broer / zus

e pastër / e pistë

proper / vuil

e plotë / jo e plotë

volledig / onvolledig

ditë / natë

dag / nacht

gjallë / vdekur

dood / levend

i gjerë / i ngushtë

breed / smal

i ngrënshëm / i pangrënshëm

eetbaar / oneetbaar

i keq / i këndshëm

kwaadaardig / vriendelijk

i lumtur / i mërzitur

opgewonden / verveeld

i shëndoshë / i dobët

dik / dun

e para / e fundit

eerst / laatst

mik / armik

vriend / vijand

plot / bosh

vol / leeg

e fortë / e butë

hard / zacht

e rëndë / e lehtë

zwaar / licht

uri / etje

honger / dorst

i sëmurë / i shëndetshëm

ziek / gezond

e paligjshme / e ligjshme

illegaal / legaal

i zgjuar / budalla

intelligent / dom

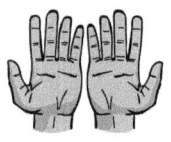

majtas / djathtas

links / rechts

afër / larg

dichtbij / veraf

të kundërta - tegengestelden

e re / e përdorur

nieuw / gebruikt

asgjë / diçka

niets / iets

i moshuar / i ri

oud / jong

ndezur / fikur

aan / uit

hapur / mbyllur

open / dicht

i qetë / i zhurmshëm

stil / luid

i pasur / i varfër

rijk / arm

e drejtë / e gabuar

juist / fout

i ashpër / i butë

ruw / glad

i mërzitur / i lumtur

droevig / blij

i shkurtër / i gjatë

kort / lang

ngadalë / shpejt

traag / snel

i lagësht / i thatë

nat / droog

ngrohtë / freskët

warm / koud

luftë / paqe

oorlog / vrede

0

zero
nul

1

një
één

2

dy
twee

3

tre
drie

4

katër
vier

5

pesë
vijf

6

gjashtë
zes

7

shtatë
zeven

8

tetë
acht

9

nentë
negen

10

dhjetë
tien

11

njëmbëdhjetë
elf

12

dymbëdhjetë

twaalf

13

trembëdhjetë

dertien

14

katërmbëdhjetë

veertien

15

pesëmbëdhjetë

vijftien

16

gjashtëmbëdhjetë

zestien

17

shtatëmbëdhjetë

zeventien

18

tetëmbëdhjetë

achtien

19

nentëmbëdhjetë

negentien

20

njëzetë

twintig

100

qind

honderd

1.000

mijë

duizend

1.000.000

milion

miljoen

anglisht

Engels

anglishte amerikane

Amerikaans Engels

kinezisht mandarin

Chinees (Mandarijn)

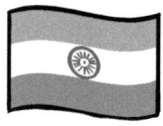

hindi

Hindi

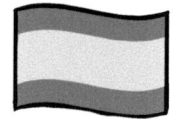

spanjisht

Spaans

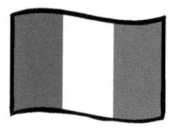

frëngjisht

Frans

arabisht

Arabisch

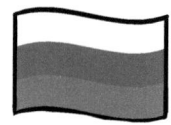

rusisht

Russisch

portugalisht

Portugees

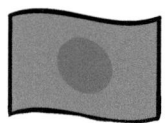

bengalisht

Bengali

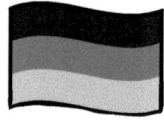

gjermanisht

Duits

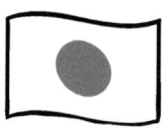

japonisht

Japans

unë

ik

ti

u

ai / ajo

hij / zij / het

ne

wij

ju

u

ata

ze

kush?

wie?

çfarë?

wat?

si?

hoe?

ku?

waar?

kur?

wanneer?

emër

naam

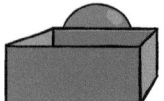

pas

achter

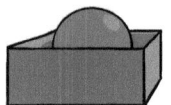

në

in

përballë

voor

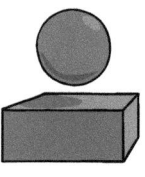

sipër

boven

mbi

op

poshtë

onder

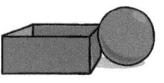

pranë

naast

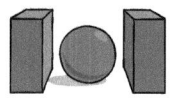

midis

tussen

vend

plaats